居家科学健身方法指导丛书

老年人
居家科学健身方法指导

国家体育总局体育科学研究所 主编

张 斌 徐建方 编著

人民邮电出版社

北 京

图书在版编目（CIP）数据

老年人居家科学健身方法指导 / 国家体育总局体育
科学研究所主编；张斌，徐建方编著. -- 北京 ：人民
邮电出版社，2020.5
（居家科学健身方法指导丛书）
ISBN 978-7-115-53639-6

Ⅰ. ①老… Ⅱ. ①国… ②张… ③徐… Ⅲ. ①老年人
－健身运动－基本知识 Ⅳ. ①G883

中国版本图书馆CIP数据核字(2020)第047061号

免责声明

内 容 提 要

《老年人居家科学健身方法指导》由国家体育总局体育科学研究所科学健身专家倾力打造，书
中不仅涵盖了适合老年人居家进行的热身、拉伸活动，介绍了老年人居家锻炼的科学知识，还提供
了77个针对老年人身体素质特点的居家练习动作，以及9个设计科学的老年人居家健身方案，能够全
面提升老年人的力量、心肺耐力、柔韧性和协调性，帮助他们拥有健康的身体。

对于老年人来说，本书是一本方便实用的居家健身工具书；对于从事老年人身体训练与健康促
进相关工作的教练和研究人员来说，本书也具有一定的参考价值。

◆ 主　　编　国家体育总局体育科学研究所
　　编　著　张　斌　徐建方
　　责任编辑　裴　倩
　　责任印制　周昇亮

◆ 人民邮电出版社出版发行　　北京市丰台区成寿寺路 11 号
　邮编　100164　　电子邮件　315@ptpress.com.cn
　网址　https://www.ptpress.com.cn
　北京捷迅佳彩印刷有限公司印刷

◆ 开本：700×1000　1/16
　印张：7.5　　　　　　　　　2020 年 5 月第 1 版
　字数：164 千字　　　　　　2025 年 9 月北京第 14 次印刷

定价：39.80 元

读者服务热线：(010)81055296　印装质量热线：(010)81055316
反盗版热线：(010)81055315

丛书序

己亥年末、庚子年初，一场突如其来的新型冠状病毒肺炎疫情打破了往年春节喜庆祥和的气氛。疫情就是命令，防控就是责任。为尽早打赢病毒阻击战、歼灭战，广大人民群众积极响应号召选择居家生活和居家办公，尽可能远离病毒传染源，尽可能减少聚集。

但随着居家时间的延长，室内活动范围狭小、久坐少动，再加上美食诱惑等不利因素，容易导致群众的体重、体脂含量快速增加，高血脂、高血压和糖尿病等慢性疾病的发生率也相应升高。长期居家，焦虑、压抑等不良心理容易累积，这很可能会有损免疫能力。对于儿童和青少年来说，待在家中时间较长，缺少必要的体力活动，长时间看电视、玩电子游戏，看书、写作业时坐姿不端正等，将会使视力水平下降、近视发生率增加、滋生烦躁等负面情绪。

为满足广大人民群众居家科学健身的迫切需求，提高体质健康水平，增强机体免疫力，调节长期居家生活导致的不良心理，国家体育总局体育科学研究所组织有关专家围绕不同人群居家健身的需求特点，创编了"居家科学健身方法指导丛书"。尽管本丛书创编于疫情期间，但也完全适用于平常时期的居家健身。

本丛书涵盖儿童、青少年、成年人和老年人全年龄段人群，针对不同人群的生理特点、健身需求和体质健康所面临的问题进行创编。每本书均包括居家科学健身基本理论、运动前热身理论与方法、居家科学健身方法、运动后拉伸放松理论与方法，以及针对性的居家科学健身方案。居家科学健身基本理论知识浅显易懂；健身方法动作简单、实用，可居家练习，动作具有配图，且大部分动作可扫二维码观看；居家健身方案针对性强，为具体问题提供了切实可行的健身方案，读者可根据实际需要选择练习。

国家体育总局体育科学研究所

在线视频访问说明

本书提供70个动作练习的视频，您可以通过微信的"扫一扫"功能，扫描本书中的二维码进行观看。

步骤1： 点击微信聊天界面右上角的"+"，弹出功能菜单（如图1所示）。

步骤2： 点击弹出的功能菜单上的"扫一扫"，进入该功能界面，扫描书中动作旁边的二维码。

步骤3： 如果您未关注"人邮体育"公众号，在第一次扫描后会出现"人邮体育"的二维码（如图2所示）。关注"人邮体育"公众号之后，点击"资源详情"（如图3所示）即可观看动作视频。

如果您已经关注了"人邮体育"微信公众号，扫描后可以直接观看视频。

图1

图2

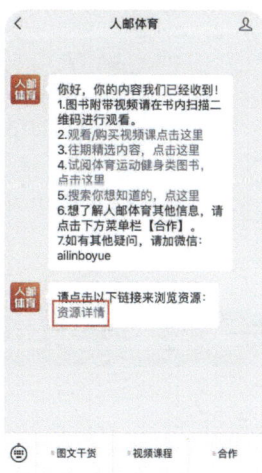

图3

特殊说明：

1. 本书中的大部分动作都有一个对应的动作视频二维码。

2. 考虑到部分动作练习的单次演示时间较短和动作难度较大的情况，同时为了达到更好的指导效果，动作视频将重复演示动作练习若干次。此外，为了更好地展示动作细节，部分动作视频将从不同角度或书中演示侧的对侧演示动作练习并重复若干次。

目录

第1章

老年人与居家健身

老年人在日常生活中除维持正常的身体活动外，适度增加运动量对身体健康十分有益。鉴于居家环境和老年人的身体机能状况不适于长时间、大强度的运动，适宜强度的居家健身才是老年人锻炼的有效途径和促进健康的有效手段。

1.1 老年人居家健身的益处

生命在于运动。科学、适度、有效的居家健身能够帮助老年人提升身体机能和保持良好心态，这不仅可以有效提高生活质量，而且对于慢性疾病的预防、治疗和康复都有良好效果。居家健身给老年人带来的益处主要包括以下几个方面。

减缓肌肉和骨质流失

对于老年人来说，随着年龄的增长，全身的肌肉开始逐渐松弛，其弹性和收缩力逐渐降低，进而骨质也逐渐流失。有计划的居家健身运动能够有效缓解肌肉和骨质流失，改善肌肉的血液循环，预防肌力衰退和骨质疏松。

减少损伤发生

适当有规律的居家健身运动可以维持免疫系统的正常功能，增强防病抗病能力；还可以保持关节灵活度和韧带弹性，预防身体机能下降引起的跌倒损伤。坚持长期健身运动能够保持心肌的正常收缩能力，减慢运动时的心率，这对于心脏十分有益，有利于降低心脏疾病的发病风险。

提升身体柔韧性

在保证动作规范的前提下，适度合理的健身运动能够保持肌肉和韧带的弹性、灵活性和延展性，使关节有良好的活动度，提高老年人身体的柔韧性，增强体质。

提升身体平衡能力

平衡能力是保持身体处于稳定状态的能力，任何运动的完成都需要在维持身体平衡的基础上进行。科学的健身运动能够有效提升身体的核心平衡力，尤其对于老年人来说，提升平衡能力最直接的效果是预防跌倒损伤。

提升身体各系统的健康水平

老年人居家健身可通过针对上肢、肩颈、胸背和下肢等部位的运动练习，增强循环、呼吸、心血管等身体重要系统高效运转的能力，强化各系统功能，提升各系统的健康水平。

保持健康心态

适当的居家健身运动可以产生轻微的疲劳感，这有助于缓解神经紧张、焦虑或精神过于集中的状态，使人很快安静下来，减轻心理压力，保持舒缓的心境；运动能够陶冶情操，使老年人保持积极健康的心态，提高自信心和心理承受力，提高生活的质量。

有益脑部健康

健身运动可以训练大脑的反应速度和身体的协调能力，增强大脑的运转效能，同时可以改善脑部的血液循环，为脑组织提供充分的营养支持，这也使脑神经可以更加敏捷迅速地发挥传输功能，预防阿尔茨海默病的发生，对记忆力的提升也有一定的益处。

1.2 居家健身的注意事项

相较于一般人群，老年人居家健身更要科学适度。首先要注意确保自身的安全，合理安排健身场地、选择服装，注意健身方法和步骤，循序渐进。在坚持锻炼的同时，更要注重保持膳食营养均衡与睡眠充足，保持良好的心态，这样才能达到更好的效果。

安全第一

居家健身可以强身健体，增强免疫力，但务必要注意居家健身的首要原则是"安全第一"，树立安全意识，注意自我防护。由于年龄的原因，老年人的身体机能会出现一定的退化，如运动器官的肌肉开始萎缩，韧带弹性减弱以及关节活动范围受限，这在一定程度上限制了运动能力的发挥，居家健身应在确保场地安全的情况下，选取与自身健身水平相符的动作，切忌强行运动和过度运动。

循序渐进

俗话说"冰冻三尺，非一日之寒"，健身也是如此。居家健身是一个需要长期坚持的过程，应该有计划、有步骤地进行，不宜过度追求运动量，日积月累才能达到良好的成效。开始锻炼时，应注意控制运动量并使运动处在较低的强度，待身体适应后再逐步增加。如果运动时感觉到轻微出汗，运动后身体放松，睡眠质量增加，说明此时的运动量较为适宜，可以保持下去。同时，强度应该由低到高、由弱到强，循序渐进完成。

营养与睡眠

充足的营养摄入是维持机体正常运转的基本条件，对于参加健身运动的人来说更是如此。健身运动需要每日补充足量的碳水化合物、蛋白质以及各种微量元素（如钙、铁、锌等），注重营养搭配，合理膳食，不要暴饮暴食，根据自己的身体情况和运动强度合理安排。此外，应保证充足的睡眠时间，以保持良好的精神状态。

1.3 居家健身可适当配备简单的运动器械

徒手动作是居家健身的主要部分。受家庭空间环境的影响，居家健身多采用活动范围较小、产生噪声较低的运动方式，除徒手练习外，可配备简单的运动器械进行辅助练习。

例如，练习垫上动作时可使用瑜伽垫，需要增加力量练习负荷时可使用弹力带或小哑铃，进行平衡练习时可使用平衡步踏。总之，居家健身器械的选择应该因地制宜，简单实用。

第 2 章

老年人居家健身前的热身

　　热身是开始运动的前提和基础。正确的热身运动是居家锻炼前不容忽视的环节，对于老年人来说更是如此。随着身体骨骼、韧带逐渐变得脆弱，肌肉力量下降，在热身不足的情况下进行锻炼很容易出现损伤。老年人要养成居家健身前积极热身的良好习惯。

2.1 热身的意义

热身活动是在运动前做一些动作简单、强度较低的运动以激活身体各系统的功能，使身体得到预热，为接下来的正式训练做好身体及心理上的准备，因此又称为准备活动。热身活动最重要的意义就是预防运动损伤，其生理作用主要包括以下 4 个方面。

增加血液循环，提高肌肉供氧量

热身有利于输送更多的氧气和营养物质到达肌肉，为下一步肌肉的活动做好准备，提高能量代谢率。

提高神经系统兴奋性，提升运动效果

热身有利于提高肌肉兴奋－收缩耦联作用，增加神经肌肉运动单位的激活频率和数量，使肌肉收缩更有力量，提升运动效果。

调节身体机能，加强代谢水平

热身有利于增强人体的生理功能，提升物质代谢速率并产生更多能量，降低肌肉粘滞性，调整身体保持最佳运动状态。

改善心理状态，快速进入运动状态

热身作为简单有效的准备活动，可以使人体做好运动的心理准备，调整好运动的心理状态，使人高效专注地完成接下来的居家健身运动，同时也可充分发挥运动的积极效果。

2.2 老年人热身的注意事项

充分热身是顺利完成健身方案的前提条件，选择合理的热身活动同样至关重要。老年人在热身过程中既需要选择可控范围的动作，同时也要较好地把握动作幅度和动作时间，足量饮水。

选择低强度、全身性的热身动作

热身的目的是使身体预热，因此应选择低强度、全身性的热身动作。热身过程中，身体活动幅度、动作难易程度应在安全可控的范围内。由于室内场地有限，为确保运动安全有效，运动强度必须控制在适宜的范围内。要根据老年人的身体状况选择适合的练习负荷，注意性别差异和个体差异。

动作要缓慢

热身要循序渐进，从低强度开始；动作舒缓不宜剧烈，保持人体由安静状态过渡到运动状态；动作幅度逐渐增加，使身体各器官逐步适应，达到刚好出汗的效果，避免过量运动引发的疲劳。

热身时长

热身活动的时间一般持续 3~5 分钟，自感轻松自如、微微出汗即可，不宜疲劳。冬季由于气温低，热身活动可以适当延长，以充分调动身体各器官系统的功能水平。

补充足够水分，合理安排作息

老年人在热身后身体会出现发热、微微出汗的情况，此时应适当休息，补充一定量的水分，使身体得到适当的恢复以便于调整好状态，完成接下来的运动。

2.3 热身练习

目标肌群
胸大肌

热身 ｜ 扩胸运动

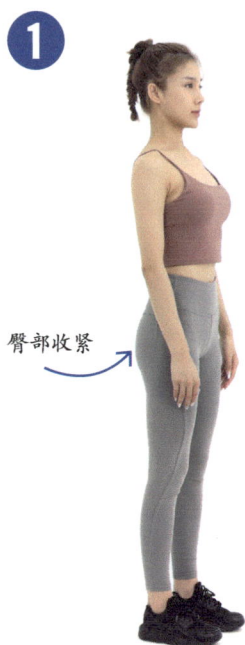

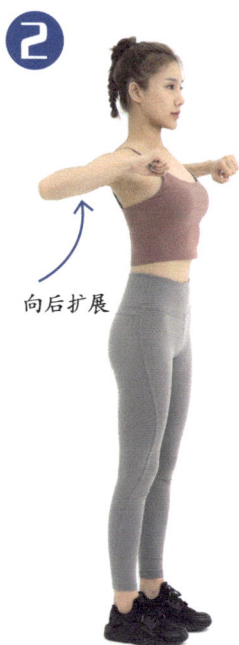

扫描二维码
看动作视频

臀部收紧

向后扩展

胸大肌有拉伸感

1. 站姿，双脚开立与肩同宽，双臂自然下垂，身体挺直。

2. 双手握拳，屈肘约90度，双臂水平向后外展，双肩、双肘水平向后扩展一次。

3. 然后双臂向前伸展并水平向两侧后方伸展一次。重复步骤2和步骤3，完成规定次数或时间。

热身 | **动态背部伸展**

目标肌群
三角肌
斜方肌
背阔肌

①

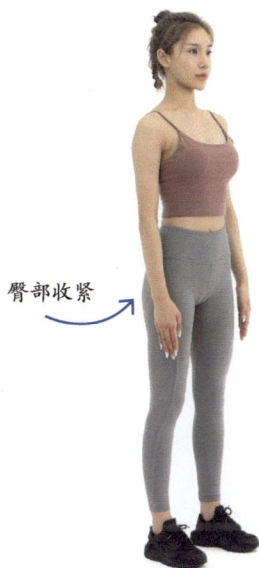

臀部收紧

②

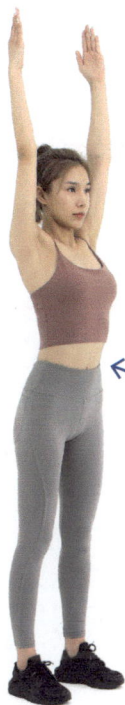

动作过程始终保
持身体直立

③

向后伸展至
最大幅度

1 站姿，双脚开立与肩同宽，双臂
自然下垂，身体挺直。

2 手臂向上举起垂直地面，肩关节
屈曲至最大幅度。

3 手臂划过身前向后伸展至最大幅
度，最后回到起始姿势，完成规
定次数或时间。

热身 | 站姿肩部激活

目标肌群
三角肌

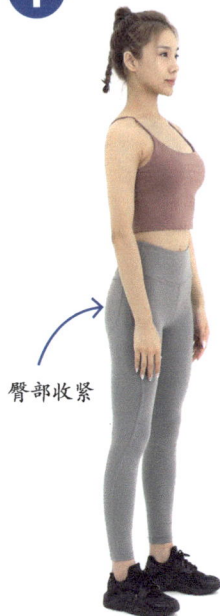

平行于地面

扫描二维码
看动作视频

臀部收紧

向后旋转

向前旋转

1. 站姿，双脚开立与肩同宽，双臂自然下垂，身体挺直。

2. 双臂前平举，双手拇指向上，其余四指弯曲并拢，然后侧平举的同时屈肘约90度，使上臂平行于地面。

3. 向后旋转上臂至前臂垂直于地面。

4. 向前旋转上臂，至前臂平行于地面，然后伸直手臂变为前平举，最后回到步骤2的起始姿势，完成规定次数或时间。

热身 | **脚部绕"8"字**

❶

1 站姿，双脚开立略宽于肩，双臂自然下垂，身体挺直。

2 双手叉腰，抬起一侧腿，大腿带动小腿，从下向上依次做"8"字形环绕。另一侧腿保持稳定支撑，核心控制躯干，保持稳定不动。完成规定次数或时间。

扫描二维码
看动作视频

❷

热身 | **膝关节热身**

目标肌群
腓肠肌
股四头肌
腘绳肌

1. 站姿，双脚开立与肩同宽，双臂自然下垂，身体挺直。

2. 屈髋俯身，双手扶在膝盖上，躯干放松。

3. 缓慢屈髋屈膝下蹲，下蹲至一定程度后缓慢将膝关节伸直。完成规定次数或时间。

伸直膝关节时不要锁死

热身 | 站姿侧屈

目标肌群
腹直肌
腹外斜肌

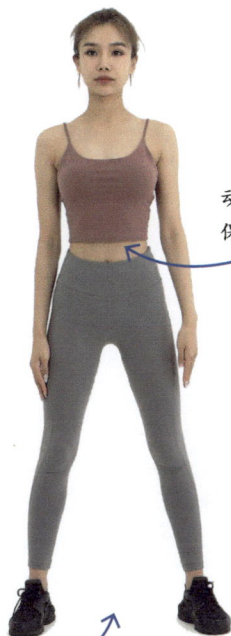

①

② 伸直举过头顶

动作过程始终保持腹部收紧

间距略比肩宽

扫描二维码
看动作视频

③

做侧屈运动

1 站姿，双脚开立略比肩宽，双臂自然下垂，身体挺直。

2 一侧手叉腰，另一侧手臂伸直并举过头顶。

3 上举侧手臂和躯干一起向对侧做侧屈运动。两侧交替进行，完成规定次数或时间。

热身 | 全身舒展　　　　　　　　　　　　**目标肌群**
　　　　　　　　　　　　　　　　　　　　　　　全身肌肉

1 站姿，双脚开立略比肩宽，双臂自然下垂，身体挺直。

2 屈髋俯身90度，核心收紧，背部挺直，双臂自然下垂
　并在小腿间完成交叉动作。

3 起身伸髋，身体直立，双手伸直并由两侧伸展至头顶，
　在头顶做交叉动作，目视双手。完成规定次数或时间。

扫描二维码
看动作视频

屈髋要达到90度

膝关节保持
伸直

目视
双手

手臂与躯干协调
运动

热身 | 放松跳

目标肌群
全身肌肉

1. 站姿，双脚开立与肩同宽，双臂自然下垂，身体挺直。

2. 双腿同时蹬地发力，脚尖点地，轻轻跳起，头部和身体同时向左，屈摆左臂，右臂伸展，髋关节带动腿部及脚尖一同向左转动。

3. 落地后，双腿同时蹬地发力，脚尖点地，轻轻跳起，头部和身体同时向右，屈摆右臂，左臂伸展，髋关节带动腿部及脚尖一同向右转动。左右交替进行，完成规定次数或时间。

扫描二维码
看动作视频

躯干与下肢的转动方向一致

手臂与躯干协调运动

热身 | 原地慢跑

目标肌群
股四头肌
腘绳肌
小腿肌群
臀大肌

扫描二维码
看动作视频

1 站姿，双脚开立与肩同宽，双臂自然下垂，身体挺直。

2 一条腿屈髋屈膝，将脚抬起至对侧踝关节以上高度。同侧手臂弯曲向后摆动，对侧手臂弯曲向前摆动。另一条腿膝关节微屈，注意保持身体平衡。

3 将抬起的腿放回起始位置的同时换至对侧重复步骤2，完成规定时间。

微屈

热身 | 连续膝击

目标肌群
全身肌肉

向后迈一步

扫描二维码
看动作视频

提膝

1　站姿，双脚开立略宽于肩，双臂自然下垂，身体挺直。

2　双臂在胸前伸直，双手上下叠在一起，右腿向后迈一步，使身体转向左侧呈弓箭步姿势。

3　双手向下，同时右腿提膝，至右侧大腿平行或高于地面，呈单腿支撑。此时，双手触碰膝部上方，然后回到步骤2的姿势，完成规定次数或时间后换对侧进行。

第3章

老年人居家健身练习方法

　　热身之后，即可进入正式的居家健身练习。本章提供了针对老年人的肩颈、上肢、胸部、背部、核心和下肢的居家练习方法，针对性强、要点突出、科学有效。

3.1 肩颈练习

目标肌群
三角肌

肩颈 | **招财猫**

① 前臂向前

腹部收紧

扫描二维码
看动作视频

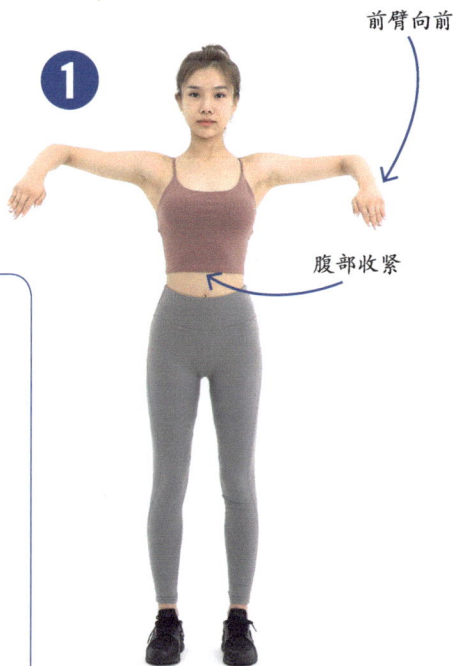

多角度图

背部挺直

② 垂直于地面

1 站姿，双脚开立与肩同宽，背部挺直，
双臂在身体两侧外展，肘关节弯曲90
度，前臂约与地面平行。

2 向后旋转上臂至前臂垂直于地面。然后
回到起始姿势，完成规定次数或时间。

肩颈 | 推举

目标肌群
三角肌

①

前臂与地面垂直

肘关节弯曲90度

扫描二维码
看动作视频

腹部收紧

双手相碰

②

1. 站姿，双脚开立与肩同宽，背部挺直，腹部收紧，双臂外展并于肘关节处弯曲90度，前臂向上垂直于地面。

2. 双臂向上伸展举过头顶至双手相碰，然后弯曲回到起始姿势，完成规定次数或时间。

肩颈 | **拳击**

目标肌群
三角肌
肱三头肌

扫描二维码
看动作视频

① 膝关节微屈

② 手臂与肩同高

躯干略微转向
右侧

③ 手臂与肩同高

躯干略微
转向左侧

1 站姿，双脚前后开立，膝关节微
屈，双手握拳举至下颌前。

2 前腿侧手臂向前出拳，手臂与肩
同高，躯干略微转向对侧。

3 收回伸出的手臂，换至对侧手臂
向前出拳，手臂与肩同高，躯干
略微转向对侧。完成规定次数或
时间后换对侧进行。

肩颈 | **手臂画圈**

① 动作过程始终
保持躯干稳定

动作过程始终
保持腹部收紧

扫描二维码
看动作视频

1 站姿，双脚开立与肩同宽，双臂侧平举。

2 以肩部为中心，双臂伸直顺时针或逆时针画圈，幅度适中。完成规定次数或时间。

② 画圈时肩部发力

画圈速度应适中

肩颈 | **交替前平举**

目标肌群
三角肌前束

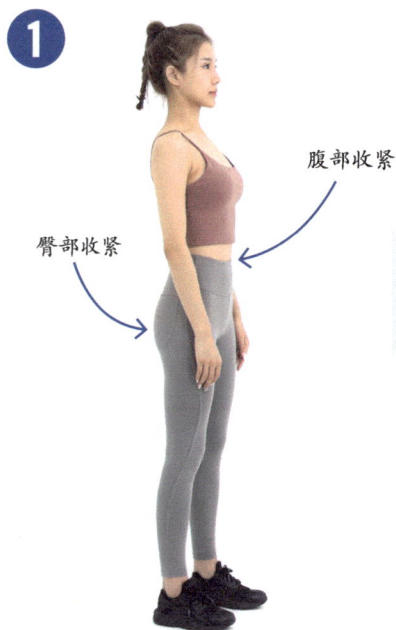

① 腹部收紧

臀部收紧

② 手臂平行于地面

扫描二维码
看动作视频

③

1 站姿，双脚开立与肩同宽，双臂自然下垂，身体挺直。

2 握拳侧手臂前平举，直至平行于地面。

3 缓慢返回起始姿势的同时另一侧手握拳前平举，直至平行于地面。两侧交替进行，完成规定次数或时间。

肩颈 | **跪姿挥臂**

目标肌群
三角肌
肱二头肌

①

膝盖和脚尖方向一致

① 呈单膝跪地姿势，左腿在前，右腿膝关节撑地，腹部收紧，身体微微前倾，前侧腿大腿与小腿之间保持90度，小腿垂直于地面，膝盖和脚尖方向一致；后脚脚尖点地。

② 双手手臂同时分别前后大幅度慢速摆臂数次。

③ 逐渐贴近身体，小幅度快速摆动手臂。完成规定次数或时间。

扫描二维码
看动作视频

②

大幅度慢速摆动

躯干保持稳定

摆臂时，核心收紧

③

小幅度快速摆动

33

肩颈 ｜ 肩外展运动

手臂保持伸直状态

扫描二维码
看动作视频

手在头顶上
方再次交叉

向两侧
外展

1 站姿，双脚开立略宽于肩，双臂自然下垂，身体挺直。

2 双臂伸直向前方抬起后在下腹前交叉。

3 随后缓慢向两侧外展双臂，掌心向前。

4 双臂上举至头顶上方，再次交叉。然后回到起始姿势，完成规定次数或时间。

3.2 上肢练习

目标肌群
前臂肌群

上肢 | **交替对掌**

❶

腹部保持收紧

❷

❸

体会手指的屈伸

1 身体呈坐姿坐在椅子上，双脚平行与肩同宽，双腿屈膝屈髋、腹部收紧，挺胸抬头，目视前方，下颌收紧，双臂屈肘，使前臂平行于地面，掌心向上。

2 大拇指扣在掌心上，其余四指伸直并拢，两掌心向上。

3 屈四指，伸拇指；屈拇指，伸四指。交替进行，完成规定次数或时间。

上肢 | **手指对抗伸展**

目标肌群
拇短屈肌
拇长屈肌
桡侧腕屈肌

①

背部挺直

肘关节外展

扫描二维码
看动作视频

②

双手相对发力

躯干保持不动

1 身体呈坐姿坐在椅子上，双脚平行与肩同宽，双腿屈膝屈髋、腹部收紧，挺胸抬头，目视前方，下颌收紧。肩关节、肘关节外展，五指相对，置于胸前。

2 保持肩关节、肘关节外展，双手相对发力，然后回到起始姿势，完成规定次数或时间。

上肢 | 伸指练习

目标肌群
伸指肌群

①

背部挺直

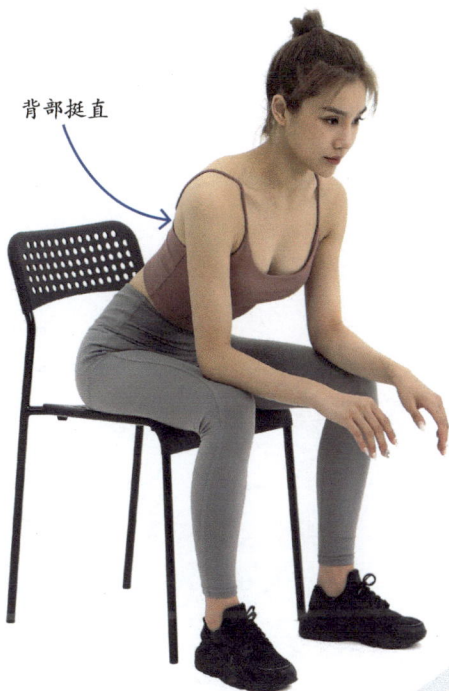

扫描二维码
看动作视频

②

伸指肌群充分伸展

1 身体呈坐姿坐在凳子上，双
脚与肩同宽，双肘置于膝部
上方，背部挺直，头部保持
中立位。

2 双手手腕及手掌伸直，掌心
向下，五指用力分开。完成
规定次数或时间。

上肢 │ 前臂前侧拉伸

目标肌群
腕屈肌群

①

手掌朝上

扫描二维码
看动作视频

②

四指被压
向躯干

肘关节不要弯曲

1 站姿，双脚开立与肩同宽，背部挺直，双臂前平举，一只手握住另一只手的手指，使另一只手的手掌朝上。

2 一侧手臂伸腕，使手掌朝前，对侧手握住被拉伸手臂的四指，然后将四指压向躯干方向，直至腕屈肌群有中等强度的拉伸感，保持该姿势至规定时间。

上肢 | **眼镜蛇肱三头肌屈伸**

目标肌群
肱三头肌

扫描二维码
看动作视频

①

双腿伸直

位于肩部正下方

②

背部挺直

腹部收紧

1 俯卧在垫上，双腿伸直，双臂在躯干两侧弯曲，肘部向后，双手在肩部正下方，掌心向下撑地。

2 胸部及上臂发力，伸直手臂，将上半身和髋部撑离地面，膝关节撑地，在此过程中呼气。缓慢弯曲双臂回到起始姿势，同时吸气。完成规定次数或时间。

上肢 | 臂屈伸

目标肌群
肱三头肌

躯干保持挺直

扫描二维码
看动作视频

肘关节发力

抬离垫子

1️⃣ 坐于垫上，双腿并拢，屈膝屈髋，脚底和臀部接触地面。躯干挺直，后仰，双臂肘关节屈曲，双手掌心向下支撑在垫子上，头部保持中立位。

2️⃣ 肘关节伸直，将上半身抬离垫子，然后回到起始姿势。完成规定次数或时间。

多角度图

上肢 │ 四足臂屈伸

目标肌群
胸大肌
肱三头肌
三角肌

①

背部挺直

扫描二维码
看动作视频

②

臀部向后

肘关节贴地

1 身体呈俯撑姿势，双腿屈膝，膝关节着地支撑，双臂伸直支撑于垫上。

2 臀部向后同时屈肘使身体下降至肘关节贴地，同时吸气。快速伸直手臂回到起始姿势，在此
过程中呼气。完成规定次数或时间。

上肢 ｜ 跪姿臂屈伸

目标肌群
胸大肌
肱三头肌
三角肌

背部挺直

腹部收紧

扫描二维码
看动作视频

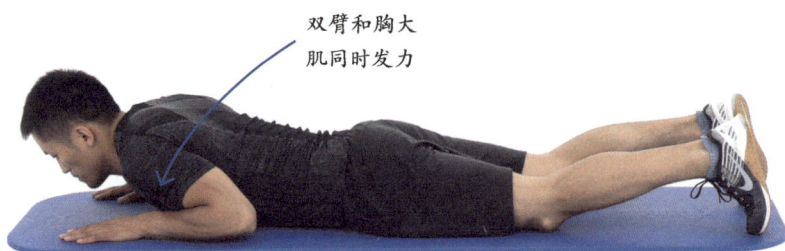

双臂和胸大
肌同时发力

1 俯身双膝跪地，双手和双膝支撑地面，保持背部挺直，腹部收紧。

2 躯干保持稳定，屈肘使身体垂直向下，胸部完全贴到地面。伸肘发力、推起身体，整个向上的动作过程中头部和脊柱保持中立位。完成规定次数或时间。

多角度图

上肢 | 坐姿基本弯举

目标肌群
肱二头肌

扫描二维码
看动作视频

1

保持躯干稳定

背部挺直

2

与地面垂直

1 坐在椅子上，背部挺直，双腿屈膝90度，双脚分开与肩同宽支撑于地面，双臂伸直自然垂于身体两侧，双手各握一个哑铃（可用矿泉水瓶代替），拳心向前。

2 双臂向上弯举，至前臂与地面垂直，拳心向后。停留片刻，回到起始姿势，完成规定次数或时间。

上肢 | 坐姿颈后臂屈伸

目标肌群
肱三头肌

①

保持躯干稳定

背部挺直

②

手臂与地面
完全垂直

1 坐在椅子上，腹部收紧，背部挺直，双腿屈膝90度，双脚分开与肩同宽支撑于地面，一侧手臂于肩关节上举，上臂与地面垂直，前臂垂直于上臂，手握一个哑铃（可用矿泉水瓶代替），对侧手扶住其肘关节。

2 练习侧手臂向上伸直，至完全与地面垂直。停留片刻，回到起始姿势，然后完成规定次数或时间，对侧亦然。

3.3 胸部练习

目标肌群
竖脊肌
胸大肌

胸部 | **胸椎稳定运动**

❶

背部挺直

手扶在耳旁

腹部收紧

扫描二维码
看动作视频

❷

向内侧下方移动

❸

向斜外侧上方移动

1 双臂、双膝与肩同宽俯撑在垫上，腹部收紧，背部挺直，双手在肩关节正下方，双脚脚尖点地，一侧手臂抬起，手扶在耳旁，肘关节斜指向外侧上方。

2 保持躯干稳定，该侧手臂向内侧下方移动。

3 然后反向，将该侧手臂向斜外侧上方移动，至肘关节指向斜上方。完成规定次数或时间，对侧亦然。

胸部 ｜ 双臂水平胸前移动

目标肌群
胸大肌
三角肌

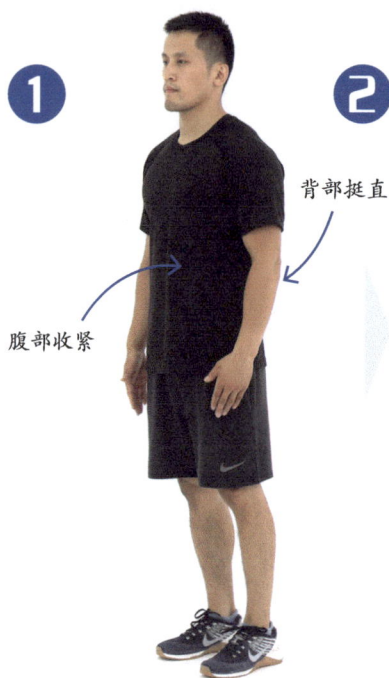

①

腹部收紧

背部挺直

②

侧平举

③

双臂水平移
动到胸前

1 站姿，双脚开立与肩同宽，双臂
自然下垂，身体挺直。

2 双臂侧平举且手臂外旋，双手掌
心朝前。

3 双臂同时内收，水平移动到胸
前，垂直于躯干。然后双手再
同时外展至身体两侧，完成规
定次数或时间。

胸部 ｜ 十字支撑

目标肌群
胸大肌
三角肌前束
肱二头肌
肱三头肌
核心肌群

俯卧位，面部朝下，双手展开撑地且位于肩部两侧，双手宽于肩。腹部收紧，躯干保持不动，头部和脊柱始终保持中立位。双脚脚尖点地，与躯干呈一条直线。保持该姿势至规定时间。

扫描二维码
看动作视频

躯干保持不动

腹部收紧

头部和脊柱始终保持中立位

多角度图

呈一条直线

47

胸部 │ 跪姿俯卧撑

目标肌群
胸大肌
肱三头肌
核心肌群

背部挺直

双手置于肩部正下方

腹部收紧

扫描二维码
看动作视频

过程中躯干保持稳定

双臂和胸大肌同时发力

1 俯卧位，面部朝下，双手撑地位于肩部正下方，与肩同宽，双臂垂直于地面，双膝和脚尖撑地。

2 躯干保持稳定，屈肘约90度使身体垂直向下，至胸部几乎贴到地面。然后伸肘发力、撑起身体，整个向上的动作过程中头部和脊柱保持中立位。完成规定次数或时间。

多角度图

胸部 | 俯卧撑爬坡

目标肌群
胸大肌
肱三头肌
核心肌群

背部挺直

①

腹部收紧

扫描二维码
看动作视频

过程中躯干保持稳定

②

1　俯卧撑姿势，双手双脚撑地，双手间距与肩同宽，脚尖点地，手臂伸直。

2　快速屈髋屈膝，将一侧腿抬至胸前。

3　回到起始姿势后换另一侧腿抬至胸前，再回到起始姿势。左右两侧交替进行，完成规定次数或时间。

③

膝盖靠近胸前

3.4 背部练习

目标肌群
竖脊肌
腘绳肌

背部｜**体前屈转体**

扫描二维码
看动作视频

膝关节尽量不要弯曲

间距大于
肩宽

1 站姿，双脚开立距离大于肩宽，双臂自然下垂，身体挺直。

2 屈髋俯身至躯干与地面平行，然后一侧手臂向下够对侧脚，对侧手臂向后上方伸直，此时大腿后侧肌群应有中等强度的拉伸感。

3 换至对侧重复步骤2，完成规定次数或时间。

背部｜俯卧 A 字伸展

目标肌群
三角肌
大圆肌
斜方肌

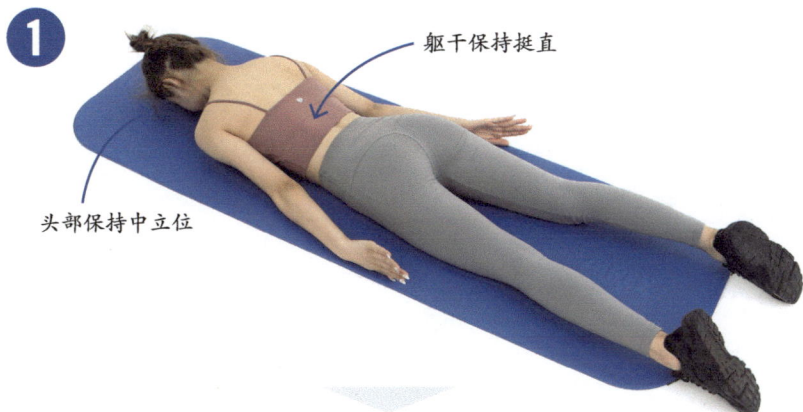

①

躯干保持挺直

头部保持中立位

扫描二维码
看动作视频

②

抬离垫子
至最大幅度

1 俯卧于垫上，双臂后伸放于身体两侧呈一定夹角，手臂伸直，掌心向斜内后方，与躯干形成 "A" 字。双腿伸直，双脚打开约与肩同宽。

2 双臂后伸抬离垫子至最大幅度，同时两侧肩胛骨向内紧收。然后回到起始姿势，完成规定次数或时间。

背部 ｜ 俯卧 YTW 伸展

目标肌群
三角肌
斜方肌
背阔肌

① 拇指向上
头部保持中立位
躯干保持挺直

扫描二维码
看动作视频

②

③

1 俯卧于垫上，双臂伸直外展，四指并拢，拳心相对，大拇指向上，双臂与躯干呈 135 度，形成"Y"字且上抬离开地面。双腿伸直，双脚打开约与肩同宽。

2 双臂向下与肩齐平，与躯干呈 90 度，形成"T"字。

3 再屈肘至双臂与躯干呈"W"字。最后回到"Y"姿势，完成规定次数或时间。

背部 ｜ 早安式体前屈

目标肌群
腘绳肌
臀大肌
腰方肌

❶

肘关节指向
外侧

腹部收紧

背部挺直

❷

躯干前屈

膝关节微屈

扫描二维码
看动作视频

1 站姿，双脚开立与肩同宽，背部挺直，腹部收紧，双手轻扶头两侧，肘关节指向外侧。

2 躯干前屈，臀部向后移动，向前俯身至躯干与地面基本平行，然后缓慢回到起始姿势，完成
规定次数或时间。

背部 | 俯身 YTW 伸展

目标肌群
三角肌
斜方肌
背阔肌

①

手臂与躯干
在同一平面

躯干保持
挺直

1 双脚开立与肩同宽或略宽于肩，屈膝屈髋，躯干前倾且挺直。双臂伸直外展，手指伸直，掌心向内，与躯干在同一平面，呈135度，形成"Y"字。

2 双臂内收呈"T"字，掌心向下。

3 屈肘至双臂与躯干呈"W"字。最后回到"Y"姿势，完成规定次数或时间。

扫描二维码
看动作视频

头部保持中立位

②

③

背部 ｜ 俯身转体

目标肌群
腹内斜肌
腹外斜肌

扫描二维码
看动作视频

①

双手交叠置于
下腰背处

躯干保持
挺直

1 双脚开立与肩同宽或略宽于肩，屈膝屈髋，俯身至躯干与地面呈约45度。双手交叠置于下腰背处。

2 躯干向一侧转动，同时肩部和头部随躯干同步运动，然后回到起始姿势并转向另一侧。完成规定次数或时间。

头部保持中立位

②

55

背部 ｜ 俯卧挺身

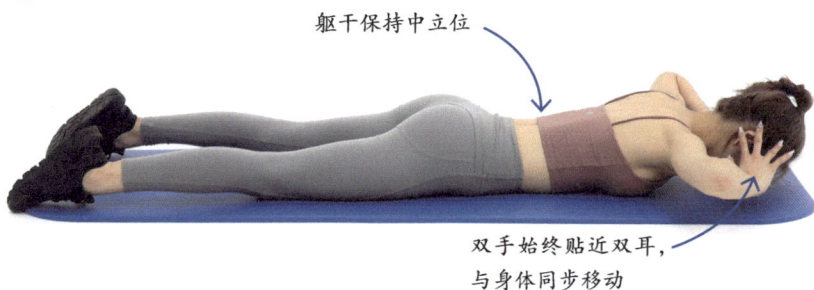

躯干保持中立位

双手始终贴近双耳，
与身体同步移动

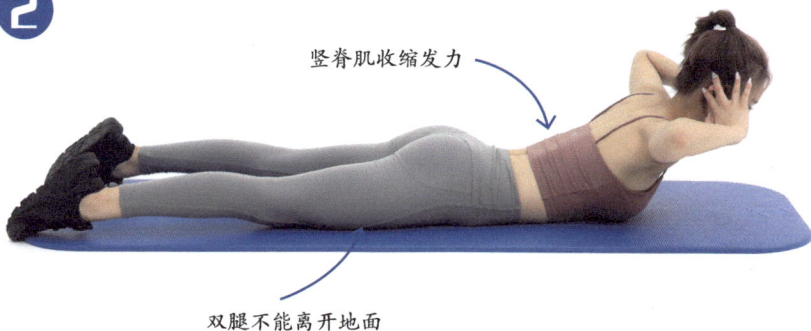

竖脊肌收缩发力

双腿不能离开地面

1 俯卧趴在垫上，躯干保持中立位，双臂同时屈肘，双手置于双耳处。

2 背部发力，向上挺身，此时双腿不能离开地面，躯干向后伸展，呈反弓姿势。回到
　　起始姿势，完成规定次数或时间。

背部 | 俯身直臂划水

目标肌群
背阔肌
大圆肌
斜方肌下束
冈下肌
小圆肌

①

背部保持挺直

扫描二维码
看动作视频

②

双臂紧贴身体

1 双脚开立，与肩同宽或略宽于肩。屈膝屈髋，俯身至躯干与地面约呈45度。双臂伸直置于肩部下方，拳心向后。

2 双臂紧贴身体两侧向后伸展，同时肩关节外旋，在动作幅度末端时拳心相对，然后回到起始姿势，完成规定次数或时间。

背部 ｜ 俯身后拉

目标肌群
斜方肌
背阔肌
三角肌后束
菱形肌
肱二头肌

背部保持挺直

扫描二维码
看动作视频

1 双脚开立，与肩同宽或略宽于肩。屈膝屈髋，俯身至躯干与地面约呈45度。双臂伸直置于肩部下方，握拳且拳心向后。

2 肩胛骨收紧，肘关节在肩关节水平外展位屈曲至上臂与肩在一条直线上，然后回到起始姿势，完成规定次数或时间。

肩胛骨收紧

多角度图

上臂与肩在一条直线上

背部 ｜ 徒手硬拉

扫描二维码
看动作视频

1 背部挺直

腹部收紧

2 肩关节向
后打开

背肌发力

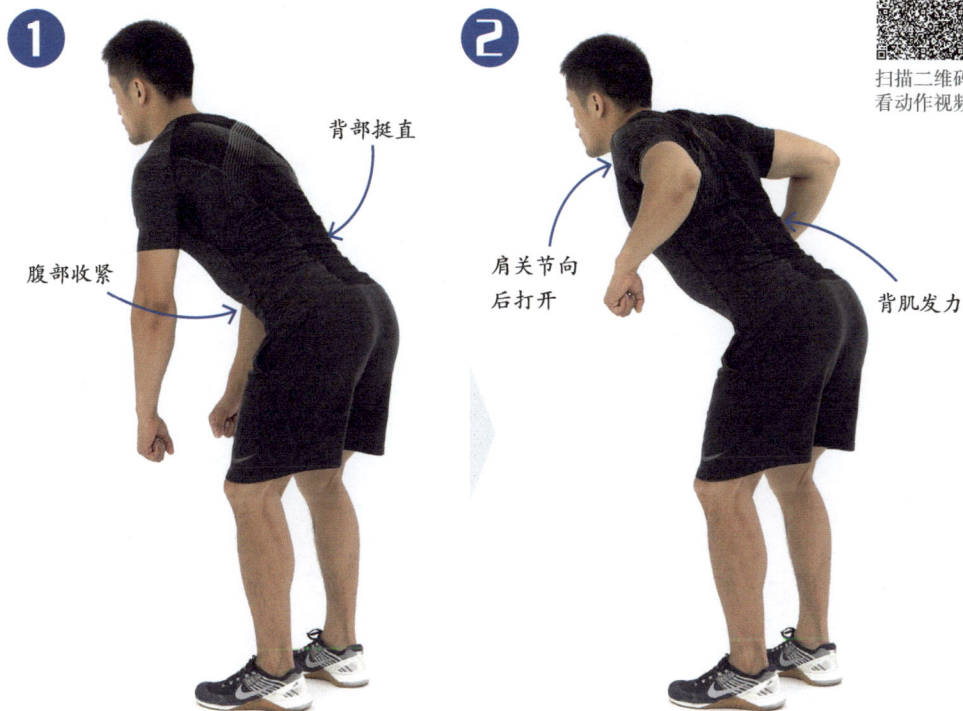

1 站姿，双脚开立与肩同宽，屈髋俯身，膝关节微屈，躯干与地面约呈 45 度，双臂
伸直自然悬垂于肩部下方，双手握拳。

2 上背肌发力，带动肩关节向后打开，双臂屈肘向胸部移动，做硬拉动作。然后回到
起始姿势，完成规定次数或时间。

背部 | **徒手硬拉划船**

目标肌群
背阔肌

①

背部挺直

腹部收紧

②

肩关节向
后打开

背肌发力

扫描二维码
看动作视频

1 站姿，双脚开立与肩同宽，背部挺直，双臂伸直斜向上举，双手握拳。

2 背肌发力，带动肩关节向后打开，双臂屈肘向下后方移动，做划船动作。然后回到起始姿势，完成规定次数或时间。

背部 | **后弓步转体**

目标肌群
臀大肌
股四头肌
腘绳肌
腹外斜肌
腹内斜肌

①

1 站姿，双脚开立与肩同宽，双臂自然下垂，身体挺直。

2 左腿向后撤一大步，双手置于右腿膝部上方，呈弓箭步姿态。然后躯干向右侧转动至最大幅度。

3 回到起始姿势，换左侧重复该动作，两侧交替进行，完成规定次数或时间。

扫描二维码
看动作视频

②

向右侧转动
至最大幅度

③

弓箭步要保
持稳定

3.5 核心练习

目标肌群
腹直肌
股四头肌

核心 ｜ 坐姿剪刀腿

①

保持腹部收紧

背部挺直
躯干稳定

扫描二维码
看动作视频

②

双腿保持抬离地面

1 坐于垫上，双腿伸直
抬离地面。上半身后
仰，与地面约呈45
度，保持背部挺直。
双肘屈曲，双手撑于
臀部后方的垫上。

2 一侧腿抬至另一侧腿
上方，然后双腿交换
位置，两侧腿以这种
方式用中等速度做匀
速交叉运动。全程保
持腹部收紧。完成规
定次数或时间。

核心 | 坐姿腹部旋转

目标肌群
腹直肌
腹外斜肌

①

保持腹部收紧

背部挺直
躯干稳定

扫描二维码
看动作视频

②

1 坐于垫上，双腿弯曲，双脚和臀部支撑。上半身略微向后倾斜，保持背部挺直。双臂弯曲，双手扶于耳侧。

2 躯干向一侧旋转至最大幅度，回到起始姿势后向对侧旋转至最大幅度，两侧交替进行，完成规定次数或时间。

核心 | 坐姿收腿

目标肌群
腹直肌
股四头肌

1

保持腹部收紧

扫描二维码
看动作视频

2

大腿贴近躯干

双腿始终悬空

1 坐于垫上，双腿伸直抬离地面。上半身后仰，与地面约呈45度，保持背部挺直。双肘屈曲，双手撑于臀部后方的垫上。

2 屈髋屈膝，使大腿贴近躯干并保持片刻，然后慢慢伸直双腿回到起始姿势。完成规定次数或时间。

核心 ｜ **仰卧交替抬腿**

1

保持腹部收紧

双腿抬离地面

扫描二维码
看动作视频

2

1 平躺在垫上，双手伸直放在身体两侧，掌心向下；双腿略微弯曲，抬离地面，
一侧腿上抬至与地面呈45度。

2 然后双腿交换姿势，用这种方式以中等速度做匀速交替抬腿。完成规定次数或
时间。

核心 ┃ 半蹲斜下拉

目标肌群
腹肌
股四头肌

扫描二维码
看动作视频

① 手臂伸直

② 背部挺直

间距比肩宽

1 站姿，双脚开立比肩宽，双臂自然下垂，身体挺直。

2 躯干向一侧旋转，同时双臂伸直、双手合十向该侧上举过头顶。

3 躯干向对侧旋转，并屈髋屈膝下蹲至大腿与地面呈45度。在此过程中，双臂同时向斜下方运动，至双手位于对侧膝关节外侧。完成规定次数或时间，换对侧进行。

③ 膝关节不要内扣

核心 | 站姿肘碰膝

①

手臂伸直

背部挺直

腹部收紧

②

肘碰膝部内侧

扫描二维码
看动作视频

1 站姿，双脚开立略大于肩宽，一侧手叉腰，对侧手臂伸直上举过头顶。

2 手臂伸直的一侧屈髋屈膝向上提膝，同时该侧手臂下降并屈肘，使肘关节与提起的膝部内侧相碰。完成规定次数或时间后换对侧进行。

多角度图

核心 | 直臂平板支撑

目标肌群
腹直肌
竖脊肌

背部挺直

呈一条直线

腹部收紧

肘关节微屈
不要锁死

扫描二维码
看动作视频

双臂伸直略宽于肩，双手撑地，收紧腹部，背部挺直，双腿并拢，双脚脚尖撑于垫上。保持该姿势至规定时间。

多角度图

核心 ┃ 扭转划船

目标肌群
腹直肌
腹外斜肌
腹内斜肌

①

腹部收紧

身体呈"V"字形

扫描二维码
看动作视频

②

模拟划船动作

腹部发力

1 身体呈"V"字形，坐
在地上，背部挺直，屈
髋屈膝，双手握拳相
对，举于体前。

2 核心带动躯干转体，腹
部发力，双手随躯干左
右转动，并模拟划船动
作。左右交替进行，完
成规定次数或时间。

双脚始终保持悬空

核心 | 俯身开合抬腿

目标肌群
腹直肌
臀大肌
髋外展肌
髋内收肌

① 双臂伸直置于肩关节正下方　双脚并拢脚尖着地

扫描二维码
看动作视频

② 臀部收紧　　　臀部收紧

③ 躯干始终保持挺直　　　开合跳

1 俯卧四点支撑于垫上，躯干保持挺直，双臂伸直置于肩关节正下方，双脚并拢，脚尖着地。

2 臀部收紧，抬起左腿，回到起始姿势，然后抬起右腿。

3 回到起始姿势，接着双腿做一次开合跳，完成一次完整动作。完成规定次数或时间。

核心 ｜ **直腿举腿**

目标肌群
腹直肌

1

扫描二维码
看动作视频

2

抬高臀部

腹肌与股四头
肌共同发力

1 平躺在垫上，双腿伸直并拢，双臂自然放在身体两侧，手掌向下。

2 尽量保持膝关节伸直，腹肌与股四头肌共同发力，屈髋抬起双腿，使双腿与地面垂直，然后
继续向上抬高臀部，使躯干与地面大致呈 45 度。然后回到起始姿势，完成规定次数或时间。

3.6 下肢练习

目标肌群
臀中肌
阔筋膜张肌

下肢 | **贝壳练习**

❶

足跟、臀部和躯干
在一条直线上

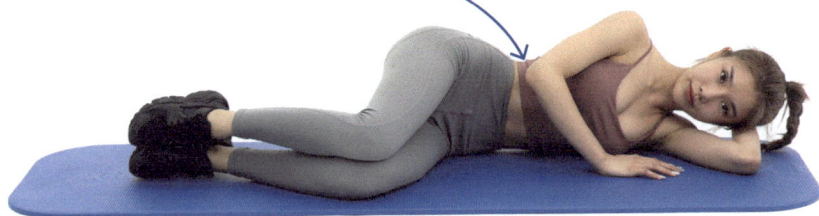

扫描二维码
看动作视频

❷

外旋至最
大幅度

保持盆骨向前

1 侧卧于垫上，屈膝屈髋使足跟、臀部和躯干在一条直线上。头部枕于下侧手臂上，上侧手支撑于胸前。

2 上侧腿外旋至最大幅度。然后回到起始姿势，完成规定次数或时间后换对侧进行。

下肢 | 站姿后抬腿

目标肌群
臀大肌
腘绳肌

扫描二维码
看动作视频

①

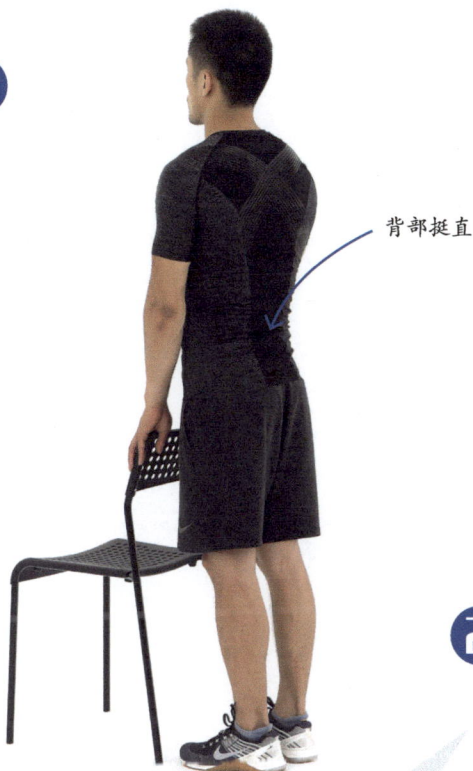

背部挺直

②

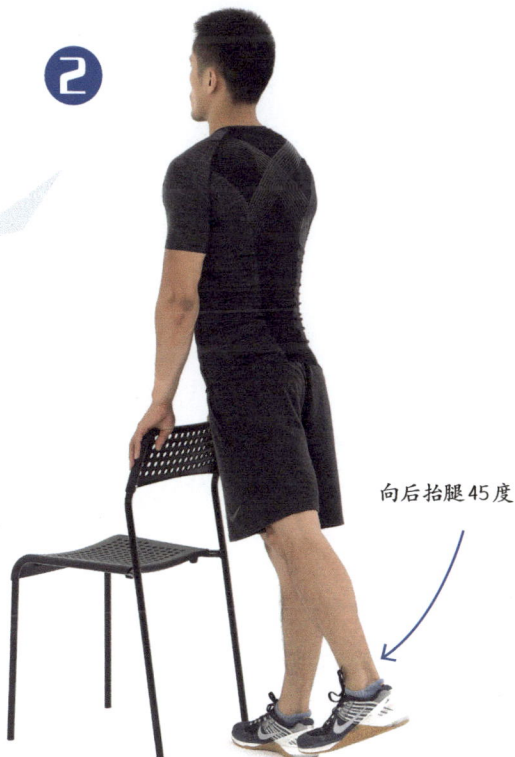

向后抬腿45度

1 站姿，双脚开立，背部挺直，双手扶住身前的椅子靠背。

2 重心移到一侧腿，对侧腿悬空并开始向后抬腿45度。回到起始姿势，完成规定次数或时间后换对侧进行。

下肢 | 仰卧开合腿

目标肌群
股薄肌
长收肌
耻骨肌
大收肌
短收肌

1

双腿伸直并拢，
举起与地面垂直

核心收紧，
保持身体稳定

扫描二维码
看动作视频

2

双腿向两侧外
展至最大幅度

1 平躺在垫上，双腿伸直并举起与地面垂直，双臂伸直放在身体两侧，保持身体平衡。

2 膝关节微屈，双腿向两侧外展至最大幅度。然后腹肌收紧，大腿内侧肌肉发力，使双腿回到
起始姿势，完成规定次数或时间。

下肢 | 前后踮脚尖

目标肌群
下肢肌群

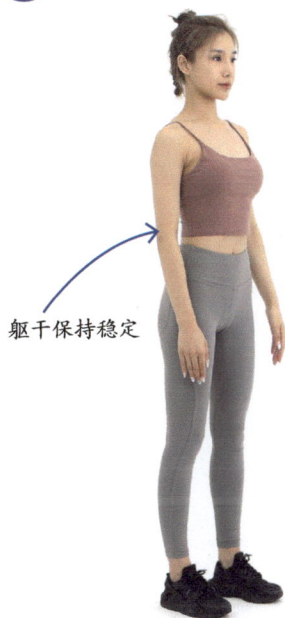

❶

躯干保持稳定

❷

手臂伸直

脚尖着地

扫描二维码
看动作视频

❸

身体保持一条直线

脚跟着地

1 站姿，双脚开立与肩同宽，双臂自然下垂，身体挺直。

2 双臂上举，位于头部两侧，与肩同宽，两掌心相对，保持不动。腿部带动核心发力，身体重心由全脚掌过渡到前脚尖，脚尖着地。

3 身体重心再由脚尖过渡到脚后跟，完成规定次数或时间。

下肢 | 静态臀桥

目标肌群
臀大肌
腘绳肌
核心肌群

1

膝关节不能内扣

脚尖勾起

扫描二维码
看动作视频

2

臀大肌、腘绳肌收
缩发力

1 仰卧于垫上，双臂自然放在身体两侧，屈膝、伸髋，脚尖勾起，脚跟支撑。

2 臀部收紧，并由臀大肌、腘绳肌收缩发力上抬臀部，使臀部、腰部离开垫子，至肩、
躯干、髋关节、膝关节在一条直线上。保持该姿势至规定时间，完成规定次数。

下肢 | 抬腿

目标肌群
股四头肌
臀大肌
腘绳肌
腓肠肌
比目鱼肌
核心肌群

1

背部挺直

腹部收紧

2

双臂充分向相反
方向摆动

3

与地面大致平行

1 站姿，双脚开立，双臂自然下垂，身体挺直。

2 身体微微向前倾斜，右臂前摆，左臂后摆，快速抬起左腿，屈髋屈膝至与地面大致平行。

3 换对侧进行，完成规定次数或时间。

下肢 | 半蹲顶椅

目标肌群
股四头肌
臀大肌

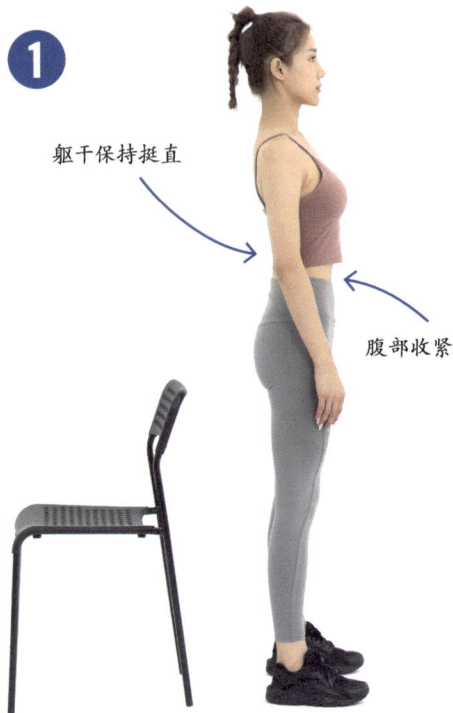

❶

躯干保持挺直

腹部收紧

1 站姿，双脚开立，与肩同宽或略宽于肩，双臂自然下垂，身体挺直。

2 屈膝屈髋下蹲至臀部触碰身后椅背，同时手臂屈肘于胸前。然后回到起始姿势，完成规定次数或时间。

扫描二维码
看动作视频

❷

臀部触碰椅背

膝盖与脚尖
方向一致

下肢 ｜ 抬腿跳绳

目标肌群
股四头肌
臀大肌
腘绳肌
腓肠肌
比目鱼肌
核心肌群

①

背部挺直

腹部收紧

②

抬腿

模拟摇绳
动作

③

双手持续
摇绳

1 站姿，双脚开立与肩同宽，双臂自然
下垂，身体挺直。

2 身体微微向前倾斜，双手在身体两侧
张开，手臂内旋模拟摇绳，同时抬起
左腿。

3 随后左腿落地，抬起右腿。在左右交
替抬腿的同时，双手摇绳动作不停，
完成规定次数或时间。

下肢 ┃ 向前交替箭步蹲

目标肌群
股四头肌
臀大肌

①

背部挺直

腹部收紧

1️⃣ 站姿，双脚开立与肩同宽，双手自然下垂，身体挺直。

2️⃣ 一条腿向前方跨出，然后双腿弯曲，身体下降直至前侧大腿与地面平行，后侧腿膝盖几乎接触地面。然后后侧腿发力蹬地，带动身体上升回到直立姿势。

3️⃣ 换至对侧进行，完成规定次数或时间。

扫描二维码
看动作视频

②

前跨步步幅要足够大

大腿与地面平行

③

下肢 | 侧弓步

目标肌群
腓肠肌
比目鱼肌
股四头肌
臀大肌
髋内收肌

①

腹部收紧

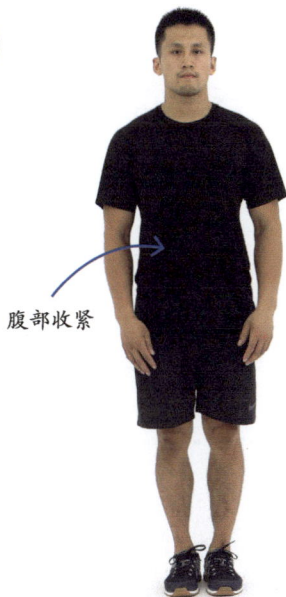

1 站姿，双脚并拢，双臂自然下垂，身体挺直。

2 双手叉腰，一侧腿侧向迈开约1.5倍肩宽，接着该侧腿屈膝屈髋至大腿与地面平行，另一侧腿保持伸直。

3 回到起始姿势换另一侧腿重复上述动作。两侧交替进行，完成规定次数或时间。

扫描二维码
看动作视频

②

下蹲过程躯干挺直

膝盖和脚尖方向一致

③

下肢 | 抬腿触地

目标肌群
股四头肌
臀大肌
腘绳肌
腓肠肌
比目鱼肌
核心肌群

腹部收紧

下蹲时背部挺直

1 站姿，双脚开立小于肩宽，双臂自然下垂，身体挺直。

2 身体微微向前倾斜，右臂前摆，左臂后摆，抬起左腿，屈髋屈膝至与地面平行。

3 随后左腿落地，交换左臂前摆，右臂后摆，抬起右腿，屈髋屈膝至与地面平行。

4 回到起始姿势，原地深蹲，大腿蹲至与地面平行，此时保持背部挺直，俯身直臂单侧手触地。

5 回到起始姿势，重复步骤2~4，换左手触地。左右两侧交替进行，完成规定次数或时间。

第4章

老年人居家健身
后的拉伸

运动后的放松是身体适应从运动开始到运动结束的缓冲和整理过程。有效的拉伸可以使紧张的肌肉逐渐放松，身体各系统由运动状态恢复到安静状态，有效促进居家健身运动发挥最佳效果，放松身心。

4.1 健身后拉伸的意义

运动会导致肌肉紧张从而引起肌肉疼痛，进而影响肌肉的正常功能。

运动健身过程中出现的乳酸堆积、肌肉反应等情况可通过运动后的拉伸放松得到有效改善。拉伸不仅可以消除机体的疲劳，还能够增强老年人身体的柔韧度，提高运动的舒适度。老年人健身后拉伸的意义主要包括以下 5 个方面。

缓解肌肉紧张

运动后进行拉伸已经成了必不可少的恢复手段。运动后若不进行科学的拉伸，会导致肌肉紧张度增加，进而影响肌肉的正常功能。运动后拉伸可以使肌肉得到有效放松，降低肌肉僵硬度，促进血液循环，从而加速代谢废物的排泄以及养分的输送，在减轻疼痛的同时维持肌肉的正常功能。

增强身体柔韧性

柔韧性、力量和耐力是构成人体体能的基本素质。生命在于运动，运动的基础是灵活自如的机体，因此在某种意义上，柔韧性位居 3 个体能基本素质的首位。"老态龙钟"多指身体僵硬，反应迟钝，通过拉伸可以有效提升身体柔韧性，增加关节的活动范围，使得身体关节、肌肉不会随年龄的增长变得僵硬，从而保持良好的体态和机能。

减少乳酸堆积，消除疲劳

日常生活中，我们有许多自然形成的拉伸动作：早上起床前伸个懒腰，坐久了站起来扭扭腰、舒展一下手臂。运动健身过程中会产生乳酸堆积，运动后的拉伸可以有效帮助机体消除体内的乳酸，降低乳酸堆积造成的肌肉酸痛感，同时可使机体快速达到超量恢复的效果，消除疲劳。

预防肌肉损伤

运动过程中肌肉反复经受刺激、反应和适应的 3 个环节，如果不重视运动后的拉伸，肌肉会停留在反应环节止步不前，较难到达适应阶段，时间一长会引起肌肉紧绷且协同性下降，这是导致运动中肌肉损伤的重要原因。有效的拉伸可以减轻肌肉紧绷的程度和缩短恢复时间，提高肌肉的协同性，增加肌肉的弹性和收缩能力，促进运动后肌肉功能的恢复，从而减少肌肉在疲劳状态下进行工作的情况，预防肌肉损伤。

放松身心，增加运动愉悦感

积极的拉伸可以有效地缓解疲劳，释放肌肉紧绷产生的压力，由此带来的舒适感使人身心舒畅、心情愉悦，同时可以使运动更好地发挥作用。

4.2 健身后拉伸的注意事项

拉伸活动看起来简单，但实际上有很多讲究。正确的拉伸不仅可以使身体放松下来，还有助于提高锻炼效果，但错误的拉伸不仅影响锻炼效果，甚至可能导致运动损伤的发生。因此，运动后的拉伸活动既要科学地选择有效方式、强度以及频率，更要把握全身性和针对性原则，并保持正常呼吸。

拉伸形式

拉伸一般可以分为静态拉伸和动态拉伸。静态拉伸是使肌肉保持拉伸状态一定的时间，这是健身界最常见的传统拉伸形式；动态拉伸是将活动开的关节逐渐由小幅度慢速运动过渡到大幅度快速运动的过程，多用于运动前的准备活动（也就是常说的"热身"）。目前多数研究认为运动后应以静态拉伸为主，利用自身力量或体重将肌肉沿肌纤维的走向拉长，当肌肉拉伸到一定的紧张度后保持一定的时间，此过程中动作要缓慢柔和，不要急速运动，使肌肉和韧带有充足的时间进行适应。

拉伸强度

一般来说，建议每次运动后都进行适当的拉伸运动，每次拉伸时间保持在 10~20 分钟。这里要特别提醒，对于老年人来说，只需要将肌肉活动到放松状态就已经达到拉伸的目的，因此拉伸练习一定要选择自身可承受范围内的动作，量力而行，绝不要强行拉伸，这样才能真正发挥拉伸的益处，有助于保持整体的协调。

拉伸频率（时间、组数）

每个静态拉伸动作保持 10~30 秒；拉伸组数为 2~4 组，累计 60 秒左右。

全身性和针对性

建议运动后做一些全身性的拉伸动作，有助于整体的放松。同时，对于健身的部位也可进行有针对性的拉伸，以缓解乳酸堆积带来的酸痛感，促进肌肉的恢复。

保持正常呼吸

有的人在做拉伸时会下意识地屏住呼吸，这样会引起肌肉紧张而难以伸展。请记住，在拉伸过程中应保持呼吸平稳，在肌肉被逐渐拉长的过程中呼气，保持放松，进而促进肌肉放松，加快血液流动，这样有利于加速氧和营养物质运输到肌肉内。

4.3 拉伸练习

目标肌群
斜方肌
胸锁乳突肌

拉伸 ｜ 四向点头

1

背部挺直

2

前

扫描二维码
看动作视频

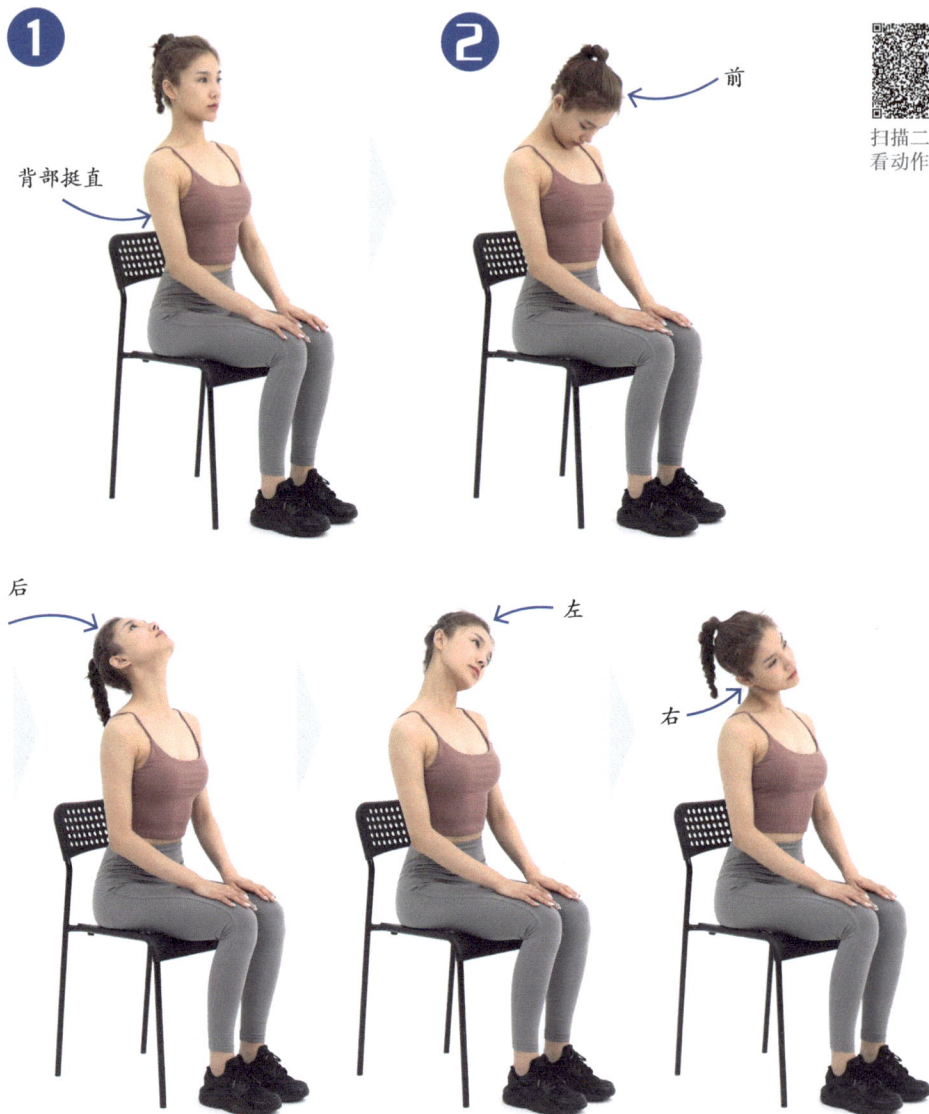

后

左

右

1 正坐在椅子上，双腿自然分开，双脚平放在地面，背部挺直，头部面向躯干正前方，双手放在双膝上。

2 保持躯干挺直，头部依次向前后左右四个方向弯曲摆动。然后回到起始姿势，完成规定次数或时间。

拉伸 ｜ 坐姿三角肌拉伸

目标肌群
三角肌

① 背部挺直

扫描二维码
看动作视频

1 正坐在椅子上，双腿自然分开，双脚平放在地面，背部挺直，头部面向躯干正前方，双手放在双膝上。

② 肩部后侧肌肉有拉伸感

2 一侧手臂伸直向前举起，然后肩关节水平向内收，另一侧手臂屈肘并用肘关节托住伸直的一侧手臂的肘关节。弯曲手臂的一侧用力，将被拉伸的一侧手臂水平拉向躯干。注意，拉伸过程中肩部后侧肌肉应有中等强度的拉伸感，保持该姿势至规定时间或完成规定次数回到起始姿势，换至对侧进行。

拉伸 ｜ 肱三头肌拉伸

目标肌群
肱三头肌

①

1 站姿，双脚开立略比肩宽，双臂自然下垂，身体挺直。

2 一侧手臂外展、屈臂，从头部上方放置于脑后，五指分开贴近身体，同时另一侧手按在被拉伸手的肘关节处并向被拉伸手的对侧拉动肘关节。保持该姿势至规定时间或完成规定次数，换对侧进行。

扫描二维码
看动作视频

②

肱三头肌有拉伸感

拉伸 | 肱二头肌拉伸

腹部收紧

1 站姿，双脚开立与肩同宽，双臂自然下垂，身体挺直。

2 双臂侧平举，同时手臂内旋，至拇指朝下，然后水平向后伸展至最大幅度。回到起始姿势，完成规定次数或时间。

扫描二维码
看动作视频

手臂内旋

水平向后伸展
至最大幅度

拉伸 | 胸部拉伸

目标肌群
胸大肌
三角肌

扫描二维码
看动作视频

① 腹部收紧

② 大拇指向前

③ 胸部有拉伸感

双臂肘关节
靠拢

1 站姿，双脚开立与肩同宽，双臂自然
下垂，身体挺直。

2 双手叉腰，大拇指在身体前侧，其他
四指伸直按在腰部，肘关节自然指
向身体斜后方。

3 肩关节向后展开，双臂肘关节渐渐靠
拢，直至胸部前侧肌群有中等强度
的拉伸感，保持该姿势至规定时间
或完成规定次数。

拉伸 | **坐姿背阔肌拉伸**

① 背部挺直

扫描二维码
看动作视频

②

1 正坐在椅子上，双腿分开与肩同宽，双脚平放在地面，背部挺直，头部面向躯干正前方，双手放在双膝上。

2 一侧手臂伸直举过头顶并带动躯干向对侧做侧屈运动；回到起始姿势，换对侧重复同样动作，完成规定次数或保持规定时间。

拉伸 ｜ 腹部拉伸

目标肌群
腹直肌

扫描二维码
看动作视频

①

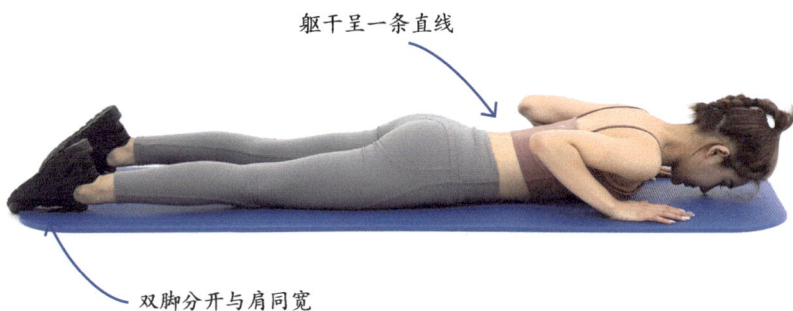

躯干呈一条直线

双脚分开与肩同宽

②

仰头

双臂同时发力

1 俯身趴在垫上，面部朝下，躯干呈一条直线，双腿自然分开
与肩同宽；双手放于肩关节两侧。

2 双臂同时发力，撑起躯干，挺胸仰头。保持规定的时间或完
成规定次数。

拉伸 | 坐姿臀部拉伸

目标肌群
臀大肌

①

背部挺直

双手扶在膝盖下方

扫描二维码
看动作视频

②

臀部后侧有拉伸感

1. 坐于垫上，双腿伸直并拢平放在垫上。蜷起一侧腿并把脚放在对侧腿的膝盖外侧，双臂同时抱住蜷起的腿，双手扶在膝盖下方。保持身体稳定。

2. 双手缓慢用力将被抱住的腿拉向躯干。注意在拉伸的过程中被拉伸的臀部后侧应感觉到中等强度或舒适程度的拉伸感，保持该姿势至规定时间或完成规定次数。回到起始姿势，换至对侧进行。

拉伸 ｜ 大腿前侧拉伸

目标肌群
股四头肌

①

腹部收紧

②

扫描二维码
看动作视频

拉伸过程中髋部
前挺

1 站姿，双脚开立与肩同宽或略宽于肩，双臂自然下垂，身体挺直。

2 左腿支撑，右腿屈膝后伸，同侧手向后拉脚背直至有拉伸感，同时
对侧手屈肘于胸前。保持该姿势至规定时间，然后换另一侧重复上
述动作，完成规定次数或时间。

拉伸 | **腘绳肌被动拉伸**

①

保持伸直

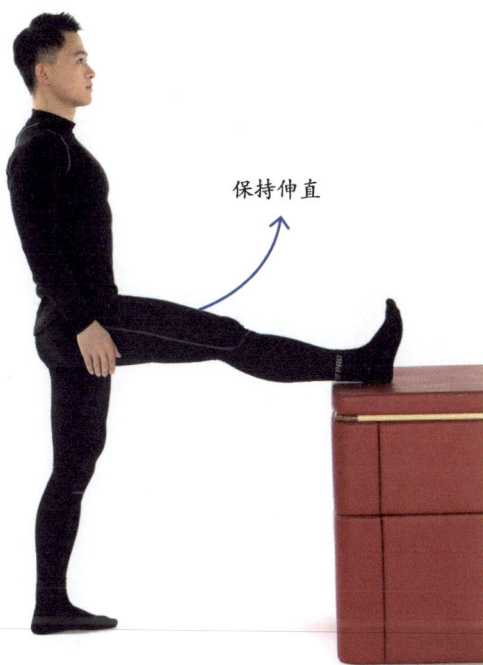

扫描二维码
看动作视频

②

大腿后侧有拉伸感

1 双脚并拢站立，身体面向一个与腿部大致等高的物体，一侧腿伸直置于该物体上。

2 身体逐渐前倾至目标肌群有一定程度的拉伸感。规定时间内保持姿势或完成规定次数，然后换至对侧拉伸。

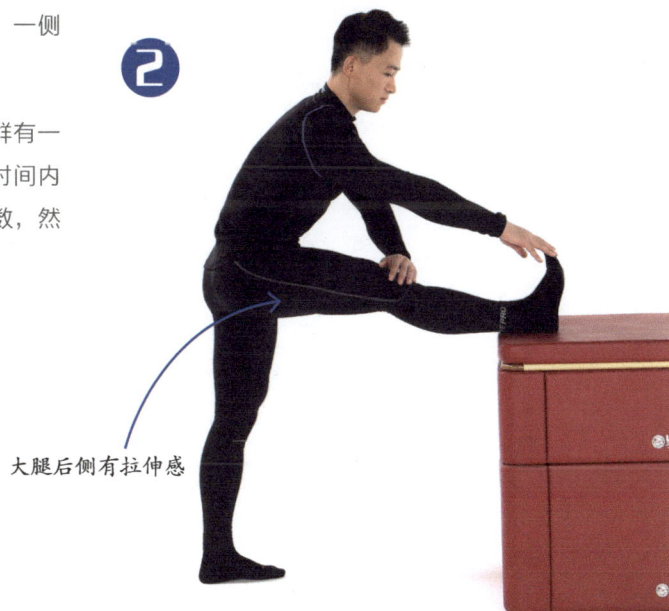

拉伸 | 腿部内收肌拉伸

目标肌群
大腿内收肌群

被拉伸腿尽量伸直

全脚掌着地

扫描二维码
看动作视频

双腿屈髋屈膝下蹲，大腿与小腿完全贴合，然后身体重心移至一侧腿，对侧腿向外侧伸直，核心收紧，背部挺直，双手伸直支撑于身前的地面。臀部向下坐，直至伸直的腿的大腿内收肌群有中等强度的拉伸感，保持该姿势至规定时间或完成规定次数。然后回到起始姿势，换至对侧拉伸。

多角度图

背部挺直

拉伸 | **站立比目鱼肌及跟腱拉伸**

目标肌群
比目鱼肌
腓肠肌

扫描二维码
看动作视频

①

背部挺直

腹部收紧

②

脚跟全程保持贴在
地面

1 分腿站姿，双脚前后开立，背部挺直，腹部收紧，双手叉腰。

2 双腿弯曲，身体下降，直至后侧腿小腿后侧肌群有中等强度的拉伸感，保
持该姿势至规定时间或完成规定次数。回到起始姿势，换至对侧拉伸。

第 5 章

老年人居家健身方案

本章提供了 9 个适合老年人居家练习的健身方案，既包括力量、心肺耐力、柔韧性和协调性的提升方案，又有帮助老年人提升全身功能的综合方案。方案分为基础版和进阶版，可供有不同健身需求和健身基础的老年人进行选择。

5.1 提升力量的健身方案（基础版）

A 站姿肩部激活 P18

B 连续膝击 P25

C 脚部绕"8"字 P19

D 全身舒展 P22

E 原地慢跑 P24

F 拳击 P30

G 推举 P29

H 俯身直臂划水 P57

I 徒手硬拉 P59

J 半蹲斜下拉 P66

K 抬腿 P77

L 向前交替箭步蹲 P80

(M) 半蹲顶椅
P78

(N) 肱二头肌拉伸
P91

(O) 坐姿三角肌拉伸
P89

(P) 腹部拉伸
P94

(Q) 坐姿臀部拉伸
P95

(R) 大腿前侧拉伸
P96

热身练习	力量练习	拉伸练习
(A) 2组,15秒/组,间隔0秒	(F) 3组,8~10次/组,间隔10秒	(N) 1组,20秒/组,间隔10秒
(B) 2组,15秒/组,间隔0秒	(G) 3组,8~10次/组,间隔10秒	(O) 1组,20秒/组,间隔10秒
(C) 2组,15秒/组,间隔0秒	(H) 3组,8~10次/组,间隔10秒	(P) 1组,30秒/组,间隔10秒
(D) 1组,30秒/组,间隔0秒	(I) 3组,8~10次/组,间隔10秒	(Q) 1组,30秒/组,间隔10秒
(E) 1组,20秒/组,间隔0秒	(J) 3组,8~10次/组,间隔10秒	(R) 1组,20秒/组,间隔10秒
	(K) 3组,8~10次/组,间隔10秒	
	(L) 3组,8~10次/组,间隔10秒	
	(M) 3组,8~10次/组,间隔10秒	

注：若某个练习是左右两侧进行的，则以上每组的重复次数或练习时间指的是单侧的训练量，另一侧亦然。

5.2 提升力量的健身方案（进阶版）

A 扩胸运动
P16

B 连续膝击
P25

C 脚部绕"8"字
P19

D 全身舒展
P22

E 放松跳
P23

F 推举
P29

G 俯身后拉
P58

H 跪姿臂屈伸
P42

I 坐姿基本弯举
P43

J 坐姿颈后臂屈伸
P44

K 俯身开合抬腿
P70

L 半蹲顶椅
P78

M 向前交替箭步蹲
P80

N 侧弓步
P81

O 肱三头肌拉伸
P90

P 坐姿背阔肌拉伸
P93

Q 胸部拉伸
P92

R 腹部拉伸
P94

S 腘绳肌被动拉伸
P97

热身练习	力量练习	拉伸练习
Ⓐ 2组,20秒/组,间隔0秒	Ⓕ 3组,8~12次/组,间隔10秒	Ⓞ 1组,20秒/组,间隔0秒
Ⓑ 2组,20秒/组,间隔0秒	Ⓖ 3组,8~12次/组,间隔10秒	Ⓟ 1组,20秒/组,间隔0秒
Ⓒ 2组,15秒/组,间隔0秒	Ⓗ 3组,8~12次/组,间隔10秒	Ⓠ 1组,30秒/组,间隔0秒
Ⓓ 1组,30秒/组,间隔0秒	Ⓘ 3组,8~12次/组,间隔10秒	Ⓡ 1组,30秒/组,间隔0秒
Ⓔ 1组,20秒/组,间隔0秒	Ⓙ 3组,8~12次/组,间隔10秒	Ⓢ 1组,20秒/组,间隔0秒
	Ⓚ 3组,8~12次/组,间隔10秒	
	Ⓛ 3组,8~12次/组,间隔10秒	
	Ⓜ 3组,8~12次/组,间隔10秒	
	Ⓝ 3组,8~12次/组,间隔10秒	

注：若某个练习是左右两侧进行的，则以上每组的重复次数或练习时间指的是单侧的训练量，另一侧亦然。

5.3 提升心肺耐力的健身方案（基础版）

A 站姿肩部激活
P18

B 动态背部伸展
P17

C 脚部绕"8"字
P19

D 站姿侧屈
P21

E 原地慢跑
P24

F 交替前平举
P32

G 跪姿挥臂
P33

H 四足臂屈伸
P41

I 坐姿剪刀腿
P62

J 连续膝击
P25

K 抬腿跳绳
P79

L 抬腿触地
P82

Ⓜ 肱二头肌拉伸
P91

Ⓝ 坐姿三角肌拉伸
P89

Ⓞ 腹部拉伸
P94

Ⓟ 大腿前侧拉伸
P96

Ⓠ 腿部内收肌拉伸
P98

热身练习	心肺耐力练习	拉伸练习
Ⓐ 2组，15秒/组，间隔0秒	Ⓕ 3组，8~10次/组，间隔10秒	Ⓜ 1组，30秒/组，间隔0秒
Ⓑ 2组，15秒/组，间隔0秒	Ⓖ 3组，8~10次/组，间隔10秒	Ⓝ 1组，20秒/组，间隔0秒
Ⓒ 2组，15秒/组，间隔0秒	Ⓗ 3组，8~10次/组，间隔10秒	Ⓞ 1组，20秒/组，间隔0秒
Ⓓ 1组，30秒/组，间隔0秒	Ⓘ 3组，8~10次/组，间隔10秒	Ⓟ 1组，30秒/组，间隔0秒
Ⓔ 1组，20秒/组，间隔0秒	Ⓙ 3组，8~10次/组，间隔10秒	Ⓠ 1组，20秒/组，间隔0秒
	Ⓚ 3组，30秒/组，间隔10秒	
	Ⓛ 3组，8~10次/组，间隔10秒	

注：若某个练习是左右两侧进行的，则以上每组的重复次数或练习时间指的是单侧的训练量，另一侧亦然。

5.4 提升心肺耐力的健身方案（进阶版）

A 扩胸运动
P16

B 动态背部伸展
P17

C 脚部绕"8"字
P19

D 全身舒展
P22

E 放松跳
P23

F 臂屈伸
P40

G 坐姿腹部旋转
P63

H 坐姿剪刀腿
P62

I 直臂平板支撑
P68

J 俯卧撑爬坡
P49

K 抬腿跳绳
P79

L 抬腿触地
P82

M 向前交替箭步蹲
P80

N 俯身转体
P55

O 仰卧交替抬腿
P65

P	肱二头肌拉伸 P91
Q	坐姿三角肌拉伸 P89
R	坐姿臀部拉伸 P95

| **S** | 大腿前侧拉伸 P96 |
| **T** | 站立比目鱼肌及跟腱拉伸 P99 |

热身练习	心肺耐力练习	拉伸练习
Ⓐ 2组, 20秒/组, 间隔0秒	Ⓕ 3组, 8~12次/组, 间隔10秒	Ⓟ 1组, 30秒/组, 间隔0秒
Ⓑ 2组, 20秒/组, 间隔0秒	Ⓖ 3组, 8~12次/组, 间隔10秒	Ⓠ 1组, 20秒/组, 间隔0秒
Ⓒ 2组, 20秒/组, 间隔0秒	Ⓗ 3组, 8~12次/组, 间隔10秒	Ⓡ 1组, 20秒/组, 间隔0秒
Ⓓ 1组, 30秒/组, 间隔0秒	Ⓘ 3组, 30秒/组, 间隔10秒	Ⓢ 1组, 30秒/组, 间隔0秒
Ⓔ 1组, 20秒/组, 间隔0秒	Ⓙ 3组, 8~12次/组, 间隔10秒	Ⓣ 1组, 20秒/组, 间隔0秒
	Ⓚ 3组, 30秒/组, 间隔10秒	
	Ⓛ 3组, 30秒/组, 间隔10秒	
	Ⓜ 3组, 8~12次/组, 间隔10秒	
	Ⓝ 3组, 8~12次/组, 间隔10秒	
	Ⓞ 3组, 8~12次/组, 间隔10秒	

注：若某个练习是左右两侧进行的，则以上每组的重复次数或练习时间指的是单侧的训练量，另一侧亦然。

5.5 提升柔韧性的健身方案（基础版）

A 站姿肩部激活
P18

B 动态背部伸展
P17

C 脚部绕"8"字
P19

D 站姿侧屈
P21

E 原地慢跑
P24

F 手指对抗伸展
P36

G 伸指练习
P37

H 前臂前侧拉伸
P38

I 体前屈转体
P50

J 俯身转体
P55

K 双臂水平胸前移动
P46

L 贝壳练习
P72

Ⓜ 四向点头
P88

Ⓝ 胸部拉伸
P92

Ⓞ 腹部拉伸
P94

Ⓟ 坐姿臀部拉伸
P95

Ⓠ 大腿前侧拉伸
P96

热身练习	柔韧性练习	拉伸练习
Ⓐ 2组,15秒/组,间隔0秒	Ⓕ 3组,8~10次/组,间隔10秒	Ⓜ 1组,30秒/组,间隔0秒
Ⓑ 2组,15秒/组,间隔0秒	Ⓖ 3组,8~10次/组,间隔10秒	Ⓝ 1组,20秒/组,间隔0秒
Ⓒ 2组,15秒/组,间隔0秒	Ⓗ 3组,30秒/组,间隔10秒	Ⓞ 1组,20秒/组,间隔0秒
Ⓓ 1组,30秒/组,间隔0秒	Ⓘ 3组,8~10次/组,间隔10秒	Ⓟ 1组,30秒/组,间隔0秒
Ⓔ 1组,20秒/组,间隔0秒	Ⓙ 3组,8~10次/组,间隔10秒	Ⓠ 1组,20秒/组,间隔0秒
	Ⓚ 3组,8~10次/组,间隔10秒	
	Ⓛ 3组,8~10次/组,间隔10秒	

注：若某个练习是左右两侧进行的，则以上每组的重复次数或练习时间指的是单侧的训练量，另一侧亦然。

5.6 提升柔韧性的健身方案（进阶版）

A 站姿肩部激活
P18

B 动态背部伸展
P17

C 膝关节热身
P20

D 站姿侧屈
P21

E 全身舒展
P22

F 前臂前侧拉伸
P38

G 眼镜蛇肱三头肌屈伸 P39

H 双臂水平胸前移动
P46

I 体前屈转体
P50

J 俯卧挺身
P56

K 后弓步转体
P61

L 坐姿腹部旋转
P63

M 侧弓步
P81

N 扭转划船
P69

O 坐姿三角肌拉伸
P89

P 胸部拉伸
P92

Q 坐姿臀部拉伸
P95

R 大腿前侧拉伸
P96

S 站立比目鱼肌及跟腱拉伸
P99

热身练习	柔韧性练习	拉伸练习
Ⓐ 2组,20秒/组,间隔0秒	Ⓒ 3组,30秒/组,间隔10秒	Ⓞ 1组,20秒/组,间隔0秒
Ⓑ 2组,20秒/组,间隔0秒	Ⓕ 3组,8~12次/组,间隔10秒	Ⓟ 1组,20秒/组,间隔0秒
Ⓒ 2组,20秒/组,间隔0秒	Ⓖ 3组,8~12次/组,间隔10秒	Ⓠ 1组,20秒/组,间隔0秒
Ⓓ 1组,30秒/组,间隔0秒	Ⓗ 3组,8~12次/组,间隔10秒	Ⓡ 1组,20秒/组,间隔0秒
Ⓔ 1组,20秒/组,间隔0秒	Ⓘ 3组,8~12次/组,间隔10秒	Ⓢ 1组,20秒/组,间隔0秒
	Ⓙ 3组,8~12次/组,间隔10秒	
	Ⓚ 3组,8~12次/组,间隔10秒	
	Ⓛ 3组,8~12次/组,间隔10秒	
	Ⓜ 3组,8~12次/组,间隔10秒	
	Ⓝ 3组,8~12次/组,间隔10秒	

注：若某个练习是左右两侧进行的，则以上每组的重复次数或练习时间指的是单侧的训练量，另一侧亦然。

5.7 提升协调性的健身方案（基础版）

A 扩胸运动
P16

B 动态背部伸展
P17

C 脚部绕"8"字
P19

D 站姿侧屈
P21

E 连续膝击
P25

F 招财猫
P28

G 肩外展运动
P34

H 胸椎稳定运动
P45

I 俯卧 YTW 伸展
P52

J 十字支撑
P47

K 站姿后抬腿
P73

L 前后踮脚尖
P75

Ⓜ 肱二头肌拉伸
P91

Ⓝ 胸部拉伸
P92

Ⓞ 坐姿背阔肌拉伸
P93

Ⓟ 大腿前侧拉伸
P96

Ⓠ 腘绳肌被动拉伸
P97

热身练习	协调性练习	拉伸练习
Ⓐ 2组,15秒/组,间隔0秒	Ⓕ 3组,8~10次/组,间隔10秒	Ⓜ 1组,20秒/组,间隔0秒
Ⓑ 2组,15秒/组,间隔0秒	Ⓖ 3组,8~10次/组,间隔10秒	Ⓝ 1组,20秒/组,间隔0秒
Ⓒ 2组,15秒/组,间隔0秒	Ⓗ 3组,8~10次/组,间隔10秒	Ⓞ 1组,20秒/组,间隔0秒
Ⓓ 1组,30秒/组,间隔0秒	Ⓘ 3组,8~10次/组,间隔10秒	Ⓟ 1组,20秒/组,间隔0秒
Ⓔ 1组,20秒/组,间隔0秒	Ⓙ 3组,20秒/组,间隔10秒	Ⓠ 1组,20秒/组,间隔0秒
	Ⓚ 3组,8~10次/组,间隔10秒	
	Ⓛ 3组,8~10次/组,间隔10秒	

注: 若某个练习是左右两侧进行的, 则以上每组的重复次数或练习时间指的是单侧的训练量, 另一侧亦然。

5.8 提升协调性的健身方案（进阶版）

A 站姿肩部激活
P18

B 动态背部伸展
P17

C 脚部绕"8"字
P19

D 全身舒展
P22

E 连续膝击
P25

F 十字支撑
P47

G 仰卧交替抬腿
P65

H 扭转划船
P69

I 站姿肘碰膝
P67

J 坐姿收腿
P64

K 后弓步转体
P61

L 站姿后抬腿
P73

M 俯卧撑爬坡
P49

N 仰卧开合腿
P74

O 肱三头肌拉伸
P90

P 胸部拉伸
P92

Q 腹部拉伸
P94

R 大腿前侧拉伸
P96

S 腿部内收肌拉伸
P98

热身练习	协调性练习	拉伸练习
A 2组,20秒/组,间隔0秒	**F** 3组,30秒/组,间隔10秒	**O** 1组,30秒/组,间隔0秒
B 2组,20秒/组,间隔0秒	**G** 3组,8~12次/组,间隔10秒	**P** 1组,20秒/组,间隔0秒
C 2组,20秒/组,间隔0秒	**H** 3组,8~12次/组,间隔10秒	**Q** 1组,30秒/组,间隔0秒
D 1组,30秒/组,间隔0秒	**I** 3组,8~12次/组,间隔10秒	**R** 1组,20秒/组,间隔0秒
E 1组,20秒/组,间隔0秒	**J** 3组,8~12次/组,间隔10秒	**S** 1组,30秒/组,间隔0秒
	K 3组,8~12次/组,间隔10秒	
	L 3组,8~12次/组,间隔10秒	
	M 3组,8~12次/组,间隔10秒	
	N 3组,8~12次/组,间隔10秒	
	K 3组,8~12次/组,间隔10秒	

注：若某个练习是左右两侧进行的，则以上每组的重复次数或练习时间指的是单侧的训练量，另一侧亦然。

5.9 全身综合健身方案

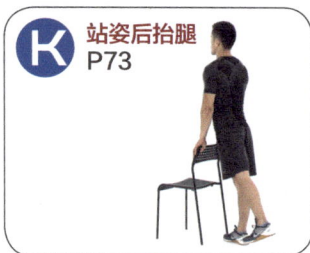

Ⓐ 全身舒展
P22

Ⓑ 放松跳
P23

Ⓒ 扩胸运动
P16

Ⓓ 原地慢跑
P24

Ⓔ 连续膝击
P25

Ⓕ 肩外展运动
P34

Ⓖ 坐姿颈后臂屈伸
P44

Ⓗ 胸椎稳定运动
P45

Ⓘ 俯卧 YTW 伸展
P54

Ⓙ 十字支撑
P47

Ⓚ 站姿后抬腿
P73

Ⓛ 仰卧开合腿
P74

Ⓜ 前后踮脚尖
P75

Ⓝ 静态臀桥
P76

Ⓞ 抬腿跳绳
P79

P 四向点头
P88

Q 胸部拉伸
P92

R 腹部拉伸
P94

S 大腿前侧拉伸
P96

T 站立比目鱼肌及跟腱拉伸
P99

热身练习	全身综合练习	拉伸练习
Ⓐ 2组,15秒/组,间隔0秒	Ⓕ 3组,8~12次/组,间隔10秒	Ⓟ 1组,30秒/组,间隔0秒
Ⓑ 2组,15秒/组,间隔0秒	Ⓖ 3组,8~12次/组,间隔10秒	Ⓠ 1组,20秒/组,间隔0秒
Ⓒ 2组,20秒/组,间隔0秒	Ⓗ 3组,8~12次/组,间隔10秒	Ⓡ 1组,20秒/组,间隔0秒
Ⓓ 1组,20秒/组,间隔0秒	Ⓘ 3组,8~12次/组,间隔10秒	Ⓢ 1组,20秒/组,间隔0秒
Ⓔ 1组,20秒/组,间隔0秒	Ⓙ 3组,8~12次/组,间隔10秒	Ⓣ 1组,30秒/组,间隔0秒
	Ⓚ 3组,20秒/组,间隔10秒	
	Ⓛ 3组,8~12次/组,间隔10秒	
	Ⓜ 3组,8~12次/组,间隔10秒	
	Ⓝ 3组,8~12次/组,间隔10秒	
	Ⓞ 3组,30秒/组,间隔10秒	

注：若某个练习是左右两侧进行的，则以上每组的重复次数或练习时间指的是单侧的训练量，另一侧亦然。